En quoi le fait

de remuer les épaules

va m'aider à aller mieux

dans ma vie ?

Anne Jamelot-Bonnaillie

En quoi le fait de remuer les épaules va m'aider à aller mieux dans ma vie ?

et autres questions souvent posées par les débutants en sophrologie

© 2014 Anne Jamelot-Bonnaillie
Éditeur: Books on Demand GmbH
12/14 rond-point des Champs Élysées
75008 Paris, France
Impression : Books on Demand GmbH
Norderstedt, Allemagne
ISBN : 978-2-322-03751-3
Dépôt légal : août 2014

*À mon père, Jean-Pierre.
Je n'ai pas eu le temps de lui demander
d'illustrer ce livre.*

*À Bernard Santerre, qui, de là-haut,
m'a inspiré quand le doute pointait son nez.*

PRÉFACE

Quand j'ai vu Anne commencer à transcrire les réponses qu'elle peaufinait à longueur de séances de sophrologie, depuis des années, j'ai tout de suite senti de l'intérêt et de l'excitation !

Partager, transmettre son intime expérience, dans son style qui est tellement... unique !

Tout cela me paraissait d'une utilité et d'une richesse évidente !

Depuis j'ai partagé avec plaisir les réflexions et la sensibilité d'Anne jusqu'à la dernière étape : celle de l'édition que vous avez dans les mains...

Entrez dans cette « interview » : Il s'agit d'un complément inédit aux nombreuses parutions théoriques, technique, cas cliniques, etc.

Anne Jamelot a créé une compilation des questions fréquemment posées par les participants aux groupes d'entraînement et aux séances individuelles en sophrologie.

Des questions (et des réponses) qui peuvent parfois sembler étonnantes pour des sophrologues professionnels qui sont tellement empreints et convaincus de la méthode, de la philosophie et du discours sophrologiques.

Mais il n'y a pas de questions inutiles, même si parfois elles surprennent : « À quoi ça sert de vivre le moment présent » ?

Anne Jamelot a choisi d'écrire comme elle parle aux personnes : de façon directe, dans un langage accessible, sans

termes techniques, toujours avec sensibilité, avec conviction, et souvent avec humour !
Bonne lecture !

Soizick Roulinat

En quoi le fait de remuer les épaules

EN GUISE D'INTRODUCTION

Depuis janvier 1995, date à laquelle j'ai commencé à exercer la sophrologie collective, j'ai recensé un certain nombre de questions récurrentes.

S'il y en a beaucoup auxquelles un sophrologue ne répond pas ou répond en ramenant la personne à elle-même, au fait que c'est en expérimentant qu'elle comprendra et trouvera ses réponses personnelles (car le sophrologue n'est pas censé influencer les pratiquants par ses propres vécus), il en est d'autres sur lesquelles il est intéressant de s'attarder un peu. Je pense en effet que si je n'avais pas répondu à toutes ces questions, mes élèves n'auraient peut-être pas continué à pratiquer la sophrologie et cela aurait vraiment été dommage, vu le chemin parcouru depuis.

Remarque : Je ne pense pas avoir influencé les vécus des « sophronisants » car j'ai toujours refusé de dire ce que je vivais personnellement pendant les séances que j'animais. Certaines personnes m'ont d'ailleurs souvent reproché de ne pas tout expliquer (en plaisantant). Ce à quoi j'ai toujours répondu que je ne leur rendrai pas service en les influençant par mes propres cheminements, car la sophrologie sert à se forger ses propres opinions, à développer un esprit critique et à devenir autonome. Cet inconfort invite

va m'aider à aller mieux dans ma vie ?

alors l'élève à s'investir et à ne pas tout attendre du professionnel. C'est simple, mais il faut souvent beaucoup travailler pour arriver à la simplicité... Et c'est payant quand on observe des changements durables, profonds et assez rapides, finalement.

J'ai aussi organisé de multiples séances d'informations, de conférences pour faire connaître la sophrologie, ce qui a permis à plusieurs centaines de personnes de pratiquer cette discipline (pas forcément avec moi d'ailleurs) en connaissance de cause et avec moins d'a priori.

Cela faisait longtemps que je souhaitais coucher sur le papier ce que j'explique naturellement depuis toutes ces années, d'une part pour que je n'ai plus à parler (je fatigue, je l'avoue !), pour que cela serve, peut-être à d'autres sophrologues, pratiquants en sophrologie, toute personne se demandant bien à quoi ça sert, aussi ceux qui pensent qu'ils ont tout compris en une séance, aux personnes qui croient que c'est juste pour se détendre ou pour préparer des examens ou un accouchement... et encore parce qu'un bon nombre de mes élèves m'y encouragent depuis longtemps.

J'ai surtout fait référence aux techniques de relaxation des premier et second degré (il y en a au moins douze, mais j'enseigne les cinq premiers) car c'est vraiment lors de ces séances que se posent les questions les plus fondamentales. Celles qui vont conditionner la poursuite ou l'arrêt de la pratique de la sophrologie par les nouveaux participants.

En quoi le fait de remuer les épaules

Étant également professeur de culture physique, j'ai une grande habitude des groupes d'adultes et j'y fais sans cesse le lien avec la sophrologie dans ma pédagogie.

J'ai écrit ce livre comme je parle dans mes réunions d'information ou conférences. J'ai voulu faire un ouvrage compréhensible de tous. Normalement, pas besoin de dictionnaire...!

Alors bonne lecture et qui que vous soyez, merci de vous prêter au jeu !

Anne Jamelot-Bonnaillie

va m'aider à aller mieux dans ma vie ?

QU'EST-CE QUE LA SOPHROLOGIE ?

Sophrologie est un néologisme qui vient de trois mots grecs :
— *sôs*, qui signifie « harmonie » ;
— *phrên*, qui signifie « le cerveau » et, par extension, « la conscience » ;
— *logos*, qui signifie « langage, étude, discours ».
La sophrologie est l'étude de la conscience harmonieuse.
On pourrait dire aussi l'étude de la conscience en harmonie. Nous pouvons voir l'harmonie comme une harmonie instrumentale, un orchestre, où chaque instrument a sa spécificité, un aspect physique et sonore qui lui est propre et malgré cela, ou grâce à cela, il peut y avoir un jeu harmonieux de tous ces instruments dans un orchestre. Cela demande de l'écoute, de la discipline, du travail. On peut alors définir la sophrologie comme l'étude de la conscience sous tous ses aspects et l'observation de la manière dont ils s'harmonisent.
La sophrologie est une méthode scientifique comportant de nombreuses techniques (relaxations dynamiques, sophronisations), basée sur la phénoménologie.
La phénoménologie, pour résumer, est une philosophie qui consiste à aborder tout phénomène comme si c'était la toute première fois, sans a priori, sans jugement, sans rien attendre, sans commentaire, sans analyse ni interprétation.

En quoi le fait de remuer les épaules

Nous allons donc aborder chaque aspect de notre environnement, de nous-même, de tout autre, comme si c'était la première fois, à chaque instant t, sans a priori ni jugement, ni analyse, en étant purement et simplement dans l'expérience de la perception et du senti.

Être juste à l'écoute de ses sensations, où qu'elles se situent, où qu'elles soient et quoi qu'il en soit. C'est ce que nous faisons quand nous méditons.

En ce sens, la sophrologie est méditation, une suite d'exercices de méditations dynamiques guidées par le sophrologue et agencés de manière très construite et intelligente par Alfonso Caycedo, le créateur de la méthode dans les années soixante.

va m'aider à aller mieux dans ma vie ?

À QUOI CELA SERT-IL D'ÊTRE À L'ÉCOUTE DE SES SENSATIONS ?

À devenir plus conscient.

Pas seulement de ses sensations, mais aussi de ses pensées, de ses sentiments dans le moment présent, sans préjugé, sans jugement, ni positifs, ni négatifs, sans commentaire, sans interprétation ni analyse.

C'est difficile. Imaginez : Vous vous intéressez à votre respiration comme si c'était la première fois. Nous savons bien que ce n'est pas la première fois, mais nous faisons « comme si », nous nous mettons dans cette disposition d'esprit d'être toujours à la découverte, à chaque instant . Vous accueillez les sensations que vous remarquez, observez à chaque instant qui passe, telles quelles, sans a priori, donc vous mettez de côté ce que vous savez déjà de votre respiration, tout ce que vous avez expérimenté, pour être juste là, à l'écoute de ce que vous sentez dans le moment présent, sans rien attendre.

Même si vous savez ce que ça vous fait quand vous respirez, à quoi ça sert, etc., vous mettez tout cela entre parenthèses, vous suspendez votre jugement et vous vous rendez disponible à ce que vous êtes en mesure de capter de vous-même dans l'ici et maintenant ; vous vous rendez disponible à vous-même.

En quoi le fait de remuer les épaules

L'a priori et les jugements sont des ornières qui nous empêchent de découvrir autre chose, d'élargir notre façon de voir, de penser, d'appréhender toute chose. Peut-être qu'en vous intéressant à votre respiration comme si c'était nouveau, vous allez découvrir des aspects de ce phénomène (la respiration) auxquels vous n'auriez pas pensé autrement. Donc déjà, en faisant cette expérience sans préjugé, vous vous enrichissez de nouvelles sensations, de nouveaux sentis, ressentis. Et petit à petit, sensation après sensation, vous prenez de plus en plus conscience de votre respiration, de la manière dont vous respirez, de ce qui est mis en jeu, mobilisé pendant ce mécanisme, ce que cela vous procure au niveau corporel, mais peut-être aussi au niveau mental (ce que vous pensez, votre état d'esprit, la nature de vos pensées) et au niveau émotionnel (ce que vous éprouvez à cet instant-là). On n'a jamais fini de découvrir des fonctionnements, des aptitudes, des subtilités sur nous-mêmes. En fait, on joue à être à l'écoute de soi, par le biais de son corps.

S'entraîner à être à l'écoute de soi sans a priori et sans jugement ni analyse développe progressivement cette capacité d'écoute. Du coup, dans la vie de tous les jours, nous observons que le fait d'avoir moins de préjugés nous ouvre sur l'extérieur et participe à notre évolution personnelle. De plus, nous sommes davantage conscients des moments où nous sommes dans l'idée préconçue et nous avons donc la possibilité de changer notre état d'esprit à ces moments-là, si tel est notre choix.

va m'aider à aller mieux dans ma vie ?

Si nous n'en avons pas conscience, rien ne bouge. Si vous voulez que rien ne bouge dans votre vie et dans votre façon de voir les choses, surtout, ne faites pas de sophrologie !

En quoi le fait de remuer les épaules

LA SOPHROLOGIE APPREND-ELLE À RESPIRER ?

Pendant une séance de sophrologie, nous sommes amenés à prendre conscience de notre respiration comme si c'était la première fois, donc sans a priori, sans idée préconçue. Même si c'est la dixième, la cinquantième ou la cinqcentième séance, on fait toujours comme si c'était la première fois, sans rien attendre. Nous en faisons l'expérience consciemment, dans l'accueil de toute sensation, toute manifestation, telle quelle, sans jugement ni analyse. Nous nous exerçons à vivre chaque instant. Cette démarche nous amène à découvrir de nouvelles sensations, nous prenons de plus en plus conscience de la manière dont nous respirons, notamment selon l'état physique dans lequel nous nous trouvons, l'état psychologique, émotionnel.

A force de prendre conscience de ces fonctionnements, nous pouvons ajuster nos comportements respiratoires à ce qui nous semble le mieux pour nous à un moment donné : Par exemple, certaines personnes vont prendre conscience du fait qu'elles bloquent leur respiration quand elles sont concentrées, ou inquiètes. Cette prise de conscience va leur permettre d'agir en se laissant tout simplement respirer lorsqu'elles se rendront compte de ce phénomène dans leur quotidien. Ou alors, elles choisiront de faire des respirations

va m'aider à aller mieux dans ma vie ?

amples et profondes si cela leur convient mieux. Ou encore toute autre chose.

En fait, la prise de conscience est une étape, laquelle amène ensuite à faire des choix dans les manières d'agir, puis... à agir.

Mais s'il n'y a pas prise de conscience, il n'y a pas de choix conscient, ni d'action positive. Sans prise de conscience, on subit. Et telle personne va continuer à être en apnée chaque fois qu'elle sera inquiète, ce qui aboutira à une ventilation erronée conduisant à un état physiologique de stress, n'arrangeant en rien l'état psychologique. Et ainsi de suite.

La pratique de la sophrologie développe notre capacité à être conscient et de ce fait, elle permet à chacun de trouver sa respiration, sans dogme, sans technicité particulière et d'être à l'aise avec elle.

Cela peut quelquefois prendre du temps, mais au final, cela libère beaucoup de tensions du style : « Je ne sais pas respirer », « Je respire à l'envers », et autres réflexions que j'entends souvent. Au moins, si c'est le cas et que l'on s'en rend compte, on sait qu'on a les moyens de faire autrement si cela ne nous convient pas.

Ce n'est pas non plus le sophrologue qui va expliquer comment respirer. Même si les techniques de sophrologie utilisent deux ou trois manières de respirer, cela reste simple et naturel. Chacun est invité à faire ses expériences, en permanence, et donc en conscience.

En quoi le fait de remuer les épaules

Une expérience vécue consciemment amène dix fois plus d'informations qu'une expérience vécue en pensant à autre chose.

Cela paraît évident n'est-ce pas ? La sophrologie n'est que bon sens.

Cependant, avec beaucoup de pratique, une personne peut faire un exercice en pensant à autre chose tout en ayant bien conscience de ce qui se passe. Tout au moins, en fonction de ce que cette personne est en mesure de capter d'elle-même, le plus objectivement possible. Et non pas en fonction de ce que les autres attendent d'elle, ou de ce qu'elle croit que les autres pensent ou veulent, ou de ce qu'elle croit qu'il faudrait…

Pour en revenir à la respiration, ou à tout autre phénomène, c'est à chaque personne d'adapter ses comportements, manières de faire, d'agir, de penser en fonction de ses propres prises de conscience.

C'est un chemin vers la liberté qui commence par ces petites choses du quotidien.

va m'aider à aller mieux dans ma vie ?

COMMENT SE DÉROULE UNE SÉANCE DE SOPHROLOGIE ?

Si c'est une séance individuelle, il y a un temps de parole au début de la séance, un temps d'écoute de la part du sophrologue.

Ensuite, le praticien explique comment va se dérouler la séance, l'enchaînement des exercices, stimulations.

À la fin de la séance, quand la personne est complètement « dé-sophronisée », c'est à dire qu'elle est revenue à un niveau de vigilance ordinaire, elle est invitée à s'exprimer sur son ressenti, ses sensations, ses pensées éventuelles, son vécu pendant la séance de sophrologie, bref, ce qu'elle a observé d'elle-même pendant sa séance. En tout cas, ce dont elle se souvient et a envie d'exprimer ! Le praticien est là encore à l'écoute, permettant au « sophronisant » d'être encore plus conscient de ce qu'il a vécu pendant sa séance.

Ensuite vient le temps des questions d'ordre technique sur les exercices.

C'est à peu près la même chose en groupe, sauf que le temps de parole va être un peu moins long du fait du plus grand nombre de participants. Le temps de parole avant la séance s'intitule « le dialogue pré-sophronique » et le temps de parole après la pratique, « le dialogue post-sophronique ».

En quoi le fait de remuer les épaules

À la fin d'une séance collective, chaque personne qui le souhaite exprime son vécu pendant la pratique. Mais elle a pour seul interlocuteur le praticien, qui écoute, reformule si besoin, prend en considération ce que chaque individu exprime, sans jugement, sans commentaire, ni analyse. Pendant cette période, les autres participants se taisent, restent à l'écoute de leurs sensations, sentiments, pensées et quand la personne qui s'exprimait a terminé, une autre personne peut prendre la parole.

Ce n'est donc pas une discussion à propos de ce que vit telle ou telle personne en résonance avec le vécu des autres, ni un débat ! C'est un dialogue entre deux personnes : le sophronisant et le sophrologue.

L'intérêt du travail en groupe, c'est que le vécu des uns apporte considérablement aux autres et contribue donc à aller beaucoup plus loin.

va m'aider à aller mieux dans ma vie ?

À QUOI ÇA SERT DE S'EXPRIMER À LA FIN DE LA SÉANCE ?

En fin de séance, chaque personne est invitée à exprimer son vécu en parlant de soi à la première personne du singulier en disant « JE ». Par exemple, « J'ai senti que j'avais une épaule plus haute que l'autre », « j'ai eu l'impression d'être très grande quand je me suis levée », « J'en avais marre d'être debout, mais j'avais peur de déranger en m'asseyant avant les autres », « J'étais super détendu après les respirations », « J'ai trouvé ça super long », « Je ne me suis jamais sentie aussi légère », etc.

Pourquoi dire « JE » ?

Parce qu'en disant « JE », la personne parle directement d'elle, contrairement au « ON » indéfini. Dire « JE » participe petit à petit à l'affirmation de soi en tant qu'individu. Cela développe non pas l'individualisme, mais l'individualité, l'identité de chacun. C'est aussi parler en son nom, prendre ses responsabilités.

Dans un groupe, alors que tous les participants ont suivi la même séance, l'expression de chacun permet de se rendre compte que chacun a un vécu différent. C'est très formateur, surtout dans un groupe d'adolescents ou d'enfants.

En quoi le fait de remuer les épaules

Quelquefois, les formulations de ressentis se ressemblent, alors que pour d'autres, celles-ci sont très éloignées de leur propre vécu, que ce soit sur le plan corporel, mental ou émotionnel. Quand une personne dit qu'elle a eu très froid pendant la pratique et que ça l'a empêché de se concentrer et que la personne qui prend ensuite la parole dit qu'elle sentait du frais partout et que c'était très agréable et qu'encore une autre personne rebondit sur ces deux vécus pour exprimer qu'elle a eu très chaud et qu'elle en avait bien besoin, on constate que sur un paramètre : la sensation de température interne, les vécus, les perceptions, les ressentis physiques et émotionnels peuvent être très différents.

Vous allez me dire, qu'est-ce que ça peut faire que ces personnes aient eu chaud ou froid, en quoi ça les fait avancer de le dire ?

Eh bien justement, de le dire !

Si vous vous mettez à raconter vos ressentis corporels et vos états d'âme dans une assemblée ou à table, ça ne va intéresser personne et peut-être même en « barber » quelques-uns. Alors que là, peu importe, tout ce que vous dites est pris en considération, sans jugement, sans commentaire ni interprétation. Attention, il ne s'agit pas de raconter sa vie, mais juste ce que l'on a remarqué, senti, éprouvé, pensé pendant la séance.

Être pris en considération, se sentir écouté apaise beaucoup, participe au sentiment d'existence et aide à être à l'écoute de soi. Quand la personne parle, elle entend mieux

va m'aider à aller mieux dans ma vie ?

ce qu'elle vit et l'écoutant qu'est le (la) sophrologue l'aide à entendre ce qu'elle vit.

Quand vous vous exprimez ainsi, à chaque séance, c'est comme si vous posiez une pièce de puzzle devant vous. Et séance après séance, il y a de nouvelles pièces de puzzle. Quelquefois les pièces s'emboîtent et plus elles s'emboîtent plus on y voit clair. Ce sont les prises de conscience.

Par moment, de grandes parties de puzzle s'encastrent avec une autre partie, grâce à une petite pièce apparemment insignifiante (un vécu banal, ordinaire), sans importance et là, on y voit de plus en plus clair. Il s'opère un déclic une grande prise de conscience et une grande satisfaction, quelle que soit cette prise de conscience car ce qui compte, c'est la clarification, sortir du flou et avancer.

Ce puzzle, c'est vous.

Qu'est-ce que ça fait si on ne parle pas en fin de séance ?

En séance individuelle, si c'est occasionnel, ce n'est pas trop grave car une séance de sophrologie bien menée est assez riche et fait avancer par elle-même, mais si c'est systématique, c'est tout simplement dommage, il manque quelque chose. C'est un choix.

Quand on fait une séance, comme on sait que l'on va avoir à s'exprimer ensuite, généralement, on fait particulièrement attention à ce que l'on vit, ça incite à la concentration. Ensuite, juste avant la prise de parole, on se remémore ce que l'on a senti, remarqué, observé dans son corps pour avoir à dire quelque chose ! Cela permet notamment de se rendre compte de tout ce que cela entraîne comme sensations (au niveau du cœur, de la respiration, des idées...) et permet de mieux se connaître devant une prise de parole pour, petit à petit arriver à une plus grande maîtrise de soi.

Cela incite aussi à stimuler la mémoire. Donc, déjà, certaines capacités mentales sont activées (concentration, mémorisation, écoute) et se développent au cours des séances.

J'en profite d'ailleurs pour informer que les capacités mentales (je ne parle pas des capacités intellectuelles), se développent à partir du travail conscient sur le corps.

Par exemple, vous voulez apprendre à vous poser, donc développer votre capacité à vous poser, quand vous le décidez. Essayez donc de développer cela uniquement en y pensant !

« Je me pose, je me pose, je me pose ». Cela ne va pas tenir longtemps. Et puis, qu'est-ce que ça veut dire, se poser ? Idem pour se détendre. Vous allez peut-être réussir à vous détendre cinq minutes pendant une pause café, ou après un match de squash, ou en regardant un programme sympa à la télévision. Mais après, que va-t-il se passer dès que les enfants vous solliciteront alors que vous n'êtes pas prêt, ou qu'il va falloir faire le repas, ou aller travailler, affronter les autres, le bruit, tous les stimuli stressants du quotidien ?

va m'aider à aller mieux dans ma vie ?

La pratique de la sophrologie, par un travail conscient à partir du corps, permet de développer toutes nos capacités mentales, pour que cela fasse partie de nous, pas de façon occasionnelle, mais durablement.

Cela participe à notre écologie personnelle : La pratique de la sophrologie fait travailler des zones du cerveau qui n'ont pas l'habitude de travailler, participe à la production de nouvelles connexions entre le cerveau et le reste du corps et aussi entre plusieurs zones du cerveau, y compris les neurones au niveau de l'intestin et du cœur.

Pour en revenir au fait de parler à la fin d'une séance, lorsque l'on s'exprime, cela permet de poser les choses, d'y réfléchir peut-être et ensuite, la conscience passera à autre chose. Et de séance en séance, on avance.

Il y a aussi la possibilité d'écrire son vécu, ce que l'on appelle la « phéno-description » en jargon de sophrologue, juste après la séance, à chaud. La mise en mots se fait... et en écrivant, la personne peut mieux réaliser ce qu'elle a vécu.

Nous pouvons aussi dire « Je n'ai pas envie de m'exprimer », ou « Je préfère garder ce que je ressens pour moi » et, ce faisant, la personne s'exprime quand même : elle pose ses sentiments, se positionne vis à vis du sophrologue, du groupe et d'elle-même.

Le fait de s'exprimer permet donc de mieux prendre conscience de soi et, petit à petit, participe à la connaissance de soi.

En quoi le fait de remuer les épaules

 Cela permet aussi de prendre du recul. Les personnes s'affirment, mais —et c'est particulièrement le cas en groupe— elles apprennent à écouter les autres, à respecter ce que disent les participants, à se respecter elles-mêmes en se rendant compte qu'elles ne vivent pas les mêmes choses et que c'est possible, que c'est leur droit et que ça n'a aucune autre conséquence que d'enrichir tout le monde. Cela développe donc le respect des autres et de soi. On en vient petit à petit à accepter les autres tels qu'ils sont et à s'accepter soi-même, tel que l'on est. Progressivement se développe l'acceptation de soi et l'estime de soi.

 D'où l'intérêt de faire de la sophrologie auprès des enfants à l'école et si possible, en séances collectives pour l'interaction que cela amène.

va m'aider à aller mieux dans ma vie ?

À QUOI ÇA SERT D'ÊTRE CONSCIENT ?

Cela sert à agir, à être actif, acteur de sa vie, au contraire de la subir. Plus on est conscient, moins on subit. Lorsque je donne un cours de stretching, c'est à dire d'assouplissements, d'étirements, et que je propose une posture, comme, par exemple, être debout les mains sur les cuisses et voir jusqu'où l'on peut se pencher en avant , sans avoir mal, trouver le juste étirement, la juste inclinaison, cela demande de l'écoute. Trouver la juste position pour sentir que ça tire, juste ce qu'il faut pour être en même temps capable de se détendre, cela demande un minimum de présence à soi. Si l'on n'est pas conscient, à l'écoute de ses sensations musculaires, articulaires ou autres, on subit très vite la posture et on s'ennuie.

Pourquoi ?

Parce que dans la majorité des cas, on veut aller plus loin que ce que l'on peut supporter, alors ça fait mal, donc on remonte les mains sur les cuisses (pour reprendre l'exemple cité plus haut), mais on trouve que c'est nul, on se juge, alors on réessaie, mais ça fait toujours mal. Alors on se décourage, on se dit que ce n'est pas pour nous, qu'on ne sera jamais souple, avec tout le discours intérieur négatif et dévalorisant qui va avec. Vous pouvez reporter cet exemple sur bien d'autres événements, situations.

Que faut-il faire pour être conscient ?

Commencer par être à l'écoute de ses sensations corporelles, de ce que l'on sent de son corps à un moment donné (voir : « à quoi ça sert d'être à l'écoute de ses sensations ? »). Pour cela, il faut prendre le temps, se mettre dans cette disposition d'esprit, donc le décider. Si on ne le décide pas, cela ne se fait pas.

Pour reprendre l'exemple de la posture d'étirement :
- ➢ Si la personne ne fait pas attention et descend ses mains trop bas, il va se créer un phénomène de défense au niveau des muscles qui vont se contracter par réflexe. Résultat : elle aura mal et ne s'assouplira pas car la détente musculaire est un élément nécessaire à l'assouplissement.
- ➢ Si, au contraire, elle décide de prendre le temps d'être à l'écoute de ses sensations corporelles, peut-être sentira-t-elle les zones qui s'étirent, jusqu'à quel degré elle peut se pencher sans subir, elle pourra repérer les crispations inutiles, tout ce qu'elle peut décontracter et jusqu'à quel point. Trouver le juste équilibre entre les tensions utiles et inutiles, sentir ses appuis pour mieux se poser, mieux répartir le poids de son corps, sentir comment elle respire et peut-être aussi, si elle s'y inté-

va m'aider à aller mieux dans ma vie ?

resse, prendre note de ses ambiances mentales et émotionnelles : l'envie d'aller plus loin, se comparer avec ce qu'elle pouvait faire avant, se comparer aux autres, tout ce qui empêche d'être dans l'objectivité du moment présent et d'accueillir tout simplement ce qui est à ce moment-là, réellement.

Être conscient, c'est être là, dans le moment présent, avec les perceptions, les sensations, les pensées, les sentiments du moment. C'est être dans la simplicité de l'instant et vivre vraiment. C'est le contraire de faire les choses et de les vivre machinalement.

En ce moment, quelle que soit votre position pendant que vous lisez ces lignes, vous êtes posé(e) sur quelque chose n'est-ce pas ? C'est évident, vous ne flottez pas dans l'air ! Mais en avez-vous conscience ?

Si je vous en parle, cela éveille (peut-être) votre intérêt sur la question et du coup, oui, vous en prenez conscience. Vous sentez vos appuis ? Tout ce qui est posé ? Les matériaux qui vous portent, vous soutiennent ? Les sensations que vous procurent ces appuis (chaud, froid, dur, mou, lisse, rugueux...) ?

Avez-vous tout simplement conscience du fait que vous êtes posé ? Si vous jouez le jeu, peut-être que cela va changer quelque chose dans votre corps, dans vos tensions musculaires, votre ambiance corporelle, votre ambiance au niveau mental, votre état d'esprit, là, dans le moment pré-

En quoi le fait de remuer les épaules

sent. Et peut-être cela va amener d'autres sensations, prises de conscience.

Souvent, je lis dans les magazines ou j'entends à la radio ou chez les médecins qu'il faut apprendre à se « poser ».

Mais comment faire ?

En commençant par le commencement: en prenant conscience d'être posé, donc en se mettant à l'écoute de ses appuis et des sensations qu'ils procurent. Devenir plus conscient mène à la simplicité. Le quotidien fourmille d'occasions d'être à l'écoute. Si on le décide et si on s'en donne les moyens. Avoir conscience d'être posé développe notre capacité mentale à nous poser, à volonté.

Nous venons de voir que le simple fait de prendre conscience de nos appuis nous amène à nous poser physiquement, puis mentalement. Notre esprit s'apaise, devient plus clair et cela s'entend jusque dans notre voix, qui elle-même est plus posée.

Au départ, les prises de conscience se font par le corps. Ensuite, la conscience que nous avons de nos pensées, de notre état d'esprit, de nos dialogues internes s'exerce. Conscience aussi de nos sentiments, de notre ambiance émotionnelle, ce que nous éprouvons à un moment donné. La conscience de nous-même s'affine, se diversifie, s'amplifie.

va m'aider à aller mieux dans ma vie ?

Ce n'est pas un peu égocentrique, comme démarche ?

Ce n'est pas parce que l'on s'intéresse à soi qu'on ne s'intéresse qu'à soi.

Mais charité bien ordonnée commence par soi-même. On ne peut pas s'occuper en vérité des autres si on ne s'occupe pas un minimum de soi. Sinon, on amène tous ses problèmes aux autres en voulant soit disant les aider.

Développer sa conscience amène à prendre petit à petit conscience de tout ce qui nous façonne et façonne le monde. Cela nous rend plus sensible, plus intelligent émotionnellement (ce fameux Quotient Émotionnel), nous amène petit à petit —avec beaucoup de travail quand même — à la pleine conscience.

Nous sentons et ressentons plus intensément ce qui se passe en nous et aussi chez les autres, grâce au fait, notamment, que nous exerçons notre capacité à ne pas juger, ne pas interpréter, être plus dans le corps à corps, le cœur à cœur. Bref, la pratique de la sophrologie et de la méditation en général développe la compassion, l'empathie.

Comment le fait d'être plus conscient rend-il actif ?

Quand la participante au cours de stretching prend sa posture, elle se rend compte qu'elle peut moduler, jouer sur les différents paramètres (angles, répartition du poids du corps, contractions musculaires, jugements de soi, respiration, etc.) jusqu'à ce qu'elle trouve sa position, avec les sensations qui lui conviennent. Elle est donc active, actrice de son bien-être. Contrairement à une autre personne qui ne prendrait pas le temps d'être à l'écoute, qui se ferait mal, subirait et serait alors dans la réaction, cette première est dans l'action. Et là intervient la notion de choix.

Combien de fois dans notre vie disons-nous : « Je n'ai pas le choix » ? Et combien de fois entendons-nous cette affirmation négative ? Certes, quelquefois, le choix est limité, mais il existe quand-même. C'est juste que l'on n'a pas conscience des choix qui s'offrent à nous. Alors on subit. Encore.

Notre participante a le choix entre se pencher un petit peu, un peu plus, encore un peu plus, aller vite, faire des arrêts pour mieux sentir, aller tout de suite au maximum ou se laisser de la marge pour progresser, rester contractée ou lâcher certains muscles, être complètement ou partiellement décontractée, respirer doucement, amplement, fixer son attention sur l'inspiration ou sur l'expiration et sentir les différences… c'est infini, à partir du moment où elle décide de se mettre à l'écoute.

Ensuite, il lui appartient de faire ses choix et d'agir en fonction de ceux-ci. Quand on a conscience des choix possibles, on peut ensuite faire son ou ses choix et décider de les mettre en œuvre, donc d'agir. Agir en conscience. Si la personne qui s'étire décide en conscience de prendre une

va m'aider à aller mieux dans ma vie ?

position qui lui fait mal, c'est son choix, elle n'est pas dans le subir, elle est dans l'agir en conscience selon ses choix.
C'est sa responsabilité.

DANS COMBIEN DE TEMPS VAIS-JE ALLER MIEUX ?
QUAND VAIS-JE AVOIR DES RÉSULTATS, ÊTRE BIEN ?

C'est une question qui revient systématiquement en début de parcours.

En fait, dès la première séance on peut ressentir des modifications bienfaisantes aux niveaux corporel, mental et émotionnel. Cependant, comme les séances se suivent et que les vécus sont à chaque fois différents, vu que l'on est dans un état d'esprit phénoménologique, il est possible qu'à la séance suivante vous soyez plus tendu, avec des douleurs et la fois d'après, sans aucune sensation notable puis la fois suivante, super bien et ainsi de suite !

Le tout est de savoir ce que l'on entend par avoir des résultats et être bien.

Que signifie « être bien » ?

Est-ce que c'est être détendu, décontracté, ne plus avoir mal ?

Bien dormir tout le temps ?

Être calme dans sa tête, ne plus avoir de soucis ?

Savoir tout gérer, être zen ?

va m'aider à aller mieux dans ma vie ?

Évidemment, cela dépend de chaque individu. Certaines personnes verront très rapidement les effets des séances de sophrologie et pour d'autres, ce sera plus long.

En fait, tout est dans la capacité à ne rien attendre, à s'intéresser à ce que l'on vit dans la séance à chaque instant et à « se laisser apprendre ». La prise de conscience de nos résistances physiques et mentales, se rendre compte que l'on est contracté, dans le jugement, l'analyse ou dans l'attente (de résultats ou de quelque chose d'extraordinaire), réaliser que l'on reste sur ses préjugés et que l'on s'empêche d'être à la découverte sont des grands pas qui permettent ensuite de lâcher prise et de vivre ce que l'on a à vivre dans le moment présent.

Prendre conscience de ses résistances, sans jugement de celles-ci, simplement en les constatant, permet d'aller au-delà et d'avancer vers le mieux-être, vers le respect de soi, puis l'acceptation de soi, quoiqu'il en soit.

Quand on commence à identifier ses résistances, on voit plus clair dans ses fonctionnements internes et on peut enfin agir en fonction de ses réels besoins.

Les freins à notre épanouissement lâchent petit à petit.

Nul ne peut présager dans combien de temps vous irez mieux !

Cela dépend aussi de votre environnement, de votre entraînement, votre assiduité, votre investissement, de votre confiance en la méthode et en votre sophrologue...

C'est un peu comme lorsque vous allez faire des courses dans un supermarché. Vous partez avec l'idée bien précise d'y acheter du pain, du lait et de la confiture de figue. Et au

En quoi le fait de remuer les épaules

gré des rayons, vous y trouvez des promotions sur les fraises, les artichauts, vous passez devant le rayons alimentation pour animaux, ce qui vous fait penser que votre chat n'a plus de croquettes, et de rayon en rayon, vous remplissez votre chariot avec tout un tas d'autres choses que ce qui était prévu au départ. Vous avez besoin de tout cela aussi, mais vous n'y aviez pas pensé avant de partir.

Quand vous faites un travail sur vous-même, particulièrement en sophrologie, c'est la même chose : vous y venez avec l'idée que vous allez peut-être guérir de vos maux, de ce qui vous préoccupe, vous stresse et vous y découvrez toutes autres choses auxquelles vous n'auriez jamais pensé. Vous y développez des facultés, vous y découvrez de nouveaux potentiels, des techniques fort utiles, des savoir faire, des idées... Et sans doute vous remarquez que vous allez mieux dans certains domaines. Parce qu'avant de trouver du soulagement dans ce qui vous préoccupe, il est probablement nécessaire de soulager, d'améliorer, de revoir certains aspects de votre vie auxquels vous ne songez pas.

Vous ne guérissez pas forcément ou peut-être pas tout de suite et sans doute pas tel que que vous l'espériez ou tel que vous vous y attendiez.

Il se peut que vous passiez par des chemins biscornus, étonnants ou inattendus, car l'inconscient a ses raisons que la raison ignore...!

va m'aider à aller mieux dans ma vie ?

EST-CE QUE LA SOPHROLOGIE PEUT GUÉRIR MON INSOMNIE ?

Dans mes groupes et en individuel, j'ai des personnes qui viennent pour mieux dormir et qui ne dorment pas mieux au bout d'une année de sophrologie et d'autres qui viennent pour toute autre chose et qui m'annoncent au bout de quinze jours qu'elles dorment comme un bébé depuis qu'elles pratiquent !

Par contre, ce qui est certain, c'est que vous allez apprendre des techniques qui vont vous permettre de vous recentrer, de vous reposer, de vous relaxer, de lâcher prise au niveau corporel, mental et émotionnel, ce qui favorisera l'endormissement et le réendormissement si vous vous réveillez la nuit. Vous allez gagner en autonomie.

Vous allez apprendre à mieux vous connaître et à repérer vos fonctionnements, ce qui est bénéfique pour vous et ce qui n'a aucun effet, de manière plus objective et donc plus opérationnelle.

Vous allez développer votre capacité à relativiser, à vivre le moment présent et à ne pas anticiper de manière négative la journée qui va suivre. Quand on ne dort pas, le danger est de vouloir dormir pour être en forme le lendemain, assumer tout ce qu'il y a à faire. Rien que d'y penser, ça cause un stress, ce qui empêche encore plus l'endormisse-

En quoi le fait de remuer les épaules

ment. Ça énerve, inquiète et outre le fait que l'on ne dort toujours pas, on se lève le matin épuisé nerveusement et peut-être de mauvaise humeur.

Vous allez repérer ce qui vous permet de ne pas gaspiller votre énergie et comment mieux récupérer, même si vous avez peu dormi, et ça, c'est très utile dans bien des métiers, ne serait-ce que celui de maman ou papa ! Le simple fait de ne pas chercher à dormir et à simplement accueillir les sensations, prendre conscience de ses appuis dans le lit par exemple, des sensations de la douceur des draps ou de la couette, sentir sa respiration ou se concentrer mentalement sur son objet neutre (technique de concentration dans la relaxation du premier degré), peuvent aider à se détendre, cesser de se focaliser sur son insomnie et ses conséquences et par le fait, perdre moins d'énergie à essayer de dormir. Il peut s'en suivre l'endormissement et si ce n'est pas le cas, une moins grande fatigue au lever et le sentiment de ne plus être impuissant face à ce problème. Le sentiment d'impuissance est une très grande source de stress.

En fait, la pratique de la sophrologie permet de rééquilibrer nos fonctions, donc petit à petit, les choses reprennent leur juste place et le sommeil s'en trouve amélioré, plus récupérateur. Les insomnies sont de plus en plus courtes et de plus en plus espacées.

Beaucoup de navigateurs utilisent la sophrologie pour gérer leur manque de sommeil, la fatigue et même se « programmer » pour un temps de sommeil donné. Pour cela, il

va m'aider à aller mieux dans ma vie ?

faut se connaître un minimum et c'est justement à cela que sert la sophrologie. La boucle est bouclée !

Mais, en toute honnêteté, il pourra en être de même avec la pratique du yoga, du qi gong, de l'hypnose, de l'E.F.T., du Reiki ou de toute autre méthode visant à libérer les tensions physiques, émotionnelles et mentales, à se recentrer, à rééquilibrer les énergies. À chacun de trouver ce qui lui convient le mieux à certains moments de sa vie.

COMBIEN DE SÉANCES DOIT-ON FAIRE PAR SEMAINE ?

Mise à part votre séance hebdomadaire, en groupe ou en individuel, l'idéal est évidemment d'en faire tous les jours, soit en reprenant la séance dans son intégralité, soit des morceaux choisis.

C'est à chacun de trouver son rythme en fonction de ses capacités, de son emploi du temps.

***Oui, MAIS...* À LA MAISON CE N'EST PAS PAREIL QU'EN SÉANCE AVEC LE SOPHROLOGUE.**

Forcément, c'est plus difficile tout seul mais pas impossible !

C'est juste différent. Il suffit de le décider. Il faut peut-être se forcer un peu, se pousser au départ, comme pour toute chose où l'on débute, mais c'est important de s'y mettre. Certes vous n'avez pas la voix du sophrologue qui vous guide, mais c'est le passage obligé si vous voulez devenir autonome.

C'est votre choix.

Vous allez quelquefois au restaurant, c'est souvent différent, ou meilleur qu'à la maison et surtout reposant, n'est-ce pas ? Cela ne vous empêche pourtant pas de vous faire à

va m'aider à aller mieux dans ma vie ?

manger chez vous ! C'est différent, mais nécessaire car il faut bien se nourrir, c'est vital. Eh bien, il est aussi possible d'introduire, à sa sauce, la pratique de la sophrologie dans son quotidien comme quelque chose de vital, de nourrissant, d'hygiénique à la fois pour le corps, l'esprit, le mental, l'émotionnel, pour avancer, grandir.

À QUEL MOMENT DE LA JOURNÉE ?

Peu importe. Comme on est toujours dans l'expérience, vous allez tester différents moments et peut-être que vous trouverez que le plus propice est le matin, ou en milieu de journée, le soir avant de vous coucher... et cela peut même changer d'une semaine à l'autre. Cela peut aussi vous prendre comme ça, à un moment donné parce que vous le sentez bien !

L'idéal est quand même d'avoir un minimum de rigueur. La rigueur mène au plaisir comme me le disait souvent une de mes collègues, professeur de yoga.

Vous pouvez aussi vous programmer des rendez-vous avec vous-même. Souvent, les gens ne pratiquent pas car ils ont toujours peur d'être dérangés, et ne sont donc pas tranquilles. Quand vous avez un rendez-vous chez un médecin ou autre, vous y allez et ne vous posez pas la question de savoir si vous allez être dérangés, alors vous pouvez faire de même pour un rendez-vous avec vous -même.

En quoi le fait de remuer les épaules

Mettez toutes les chances de votre côté pour ne pas l'être, organisez-vous et respectez votre engagement avec vous-même, comme vous le feriez avec un spécialiste.

Où faire sa séance ?

Dans un endroit où vous vous sentez à l'aise. D'une manière générale, ne vous entraînez pas dans la difficulté. Ce n'est pas quand vous êtes énervé, fatigué, stressé, qu'il faut vous entraîner. Mieux vaut aller courir, faire de la zumba ou du yoga, faire des crêpes ou prendre un bain !

L'entraînement sert à acquérir des capacités et c'est quand vous serez suffisamment entraîné, que vous aurez développé des potentiels, des capacités que vous serez en mesure de gérer les différentes situations de la vie quotidienne. Lorsque l'on débute une activité, il est important que celle-ci se fasse dans un climat de confiance, dans un environnement adéquat et que ce soit plaisant. Ne pas se mettre dans la difficulté pour ne pas se dégoûter et se retrouver dans une posture d'échec.

Un sportif n'arrive pas sur le terrain le jour d'un match sans avoir travaillé les capacités physiques que requiert sa discipline. Cela peut être l'endurance, la résistance, la détente, la puissance, la souplesse, l'adresse, les réflexes, mais aussi la concentration, l'anticipation, l'analyse, l'adaptation, bref, il s'est suffisamment entraîné en milieu propice.

Et petit à petit, lorsque l'on sent que les choses bougent, évoluent en nous, il est possible de faire ses expériences (la

va m'aider à aller mieux dans ma vie ?

sophrologie est expérience) dans des milieux plus difficiles, à des moments moins classiques. Par exemple dans le bruit, avec du monde autour de soi, dans la rue, entre deux trains, dans une salle d'attente, etc.

La sophrologie étant l'étude de la conscience harmonieuse, sous tous ses aspects, le développement de la conscience, des capacités et des valeurs humaines, il s'agit aussi de penser à être conscient à chaque instant.

Être conscient, c'est être présent à ce que nous faisons, disons, ressentons, pensons. À la manière dont nous agissons, ce qui se vit en nous et autour de nous. C'est réaliser, se rendre compte.

L'enjeu est d'être conscient au quotidien. Pour cela, il faut penser à faire les choses en les faisant.

Par exemple, lorsque vous conduisez, il vaut mieux être là, présent, vous rendre compte de ce que vous faites, sinon, vous risquez de freiner trop tard parce que vous n'avez pas vu la voiture de devant ralentir, ou bien, vous loupez la sortie sur l'autoroute et vous êtes quitte pour faire vingt à trente kilomètres de détour. Et ainsi de suite.

QU'EST-CE QU'ON ENTEND PAR « FAIRE UN TRAVAIL SUR SOI » ?

Souvent, des gens me disent qu'ils n'ont pas besoin de faire de la sophrologie parce qu'ils savent se détendre, ne sont pas stressés, arrivent à gérer, à prendre les choses en main, etc. Et c'est assez vrai que ces personnes s'en sortent plutôt bien.

Cependant, il y a un truc qui cloche, qui manque, qui sonne faux.

Je me demande « et si ce qui manquait pouvait se résumer à l'honnêteté ? »

Être honnête avec soi-même, ne pas se mentir.

Et si ce travail de prise de conscience en tout genre aboutissait à faire ce travail d'honnêteté avec soi-même, de remise en question ?

Et si devenir honnête passait forcément par ces prises de conscience qui amènent à une plus grande connaissance de soi et de l'Humain ?

Faire un travail sur soi, de mon point de vue, c'est cela, c'est être honnête avec soi-même, à tous niveaux, à tous points de vue.

Cela peut commencer par reconnaître ses qualités et ses défauts, mais aussi se demander si notre corps, notre tête et notre cœur sont en accord, en harmonie (sans conflit), c'est

va m'aider à aller mieux dans ma vie ?

s'avouer les choses telles qu'elles sont vraiment ressenties au fond de soi.

Se mentir à soi-même amène inévitablement des désaccords, des conflits internes. Ce qui engendre mal être, douleurs, maladies en tout genre, insomnie, dépression…

C'est fou le nombre de fois où nous pouvons nous mentir à nous-même en une journée, et nous ne nous en rendons même pas compte… Nous nous en défendons même !

Alors nous tournons en rond dans nos problèmes.

Quelques exemples parmi bien d'autres :

- ➢ Dire que l'on n'a pas mérité ces applaudissements alors qu'au fond de soi, on s'est trouvé très bon.
- ➢ Se faire croire qu'on n'en veut plus à une personne alors qu'au fond de soi il y a de la colère (tellement masquée par de fausses croyances sur soi, de bonnes raisons, qu'on ne la détecte pas). Cette colère se manifeste à travers nos paroles, nos réactions (qui sont souvent inappropriées parce qu'on n'a pas conscience de ce que l'on vit vraiment au fond de soi).
- ➢ Se faire croire que telle situation est normale alors que notre corps souffre de maux divers et variés …
- ➢ Vouloir la même chose que l'autre, alors que ce n'est finalement pas notre « truc ».

Notre existence est tapissée, façonnée de fausses croyances sur nous-même, que l'on s'est créées ou que l'environnement a contribué à créer en nous.

Prendre conscience de nos croyances, nos fonctionnements corporels, émotionnels, cérébraux nous permet de faire ce travail d'honnêteté, de reconnaître et de respecter nos limites et d'évoluer vers plus de justesse.

Nous gagnons en simplicité, en respect et acceptation de soi (donc en lâcher prise), en légèreté d'être, en clarté, en estime et amour de soi.

Et cela rejaillit sur les autres. Puisque nous sommes mieux avec nous-même, nous sommes mieux avec les autres, nous avons moins peur.

Parfois, ce qui fait peur dans la relation, c'est que l'autre nous blesse. Peur, en fait, que l'autre nous touche, atteigne quelque chose de fragile en nous.

Si nous avons nous-même pris conscience de ces fragilités, ces inconforts, ces défauts, ces lacunes et que nous les avons reconnus en toute honnêteté, sans nous faire croire que ce n'est pas vrai, que c'est imaginaire, que ce sont les autres, etc., et si nous respectons ces fragilités, ces talons d'Achille, jusqu'à les accepter tels quels, l'autre ne peut plus nous blesser.

Ça fait mal quand ça touche ce que l'on ne veut pas voir et que l'on entre alors en résistance contre soi-même ou une partie de soi.

On entre alors aussi en résistance contre l'autre, mais la source du problème n'est pas l'autre.

Il y a conflit intérieur entre notre tête, notre corps et notre cœur et extérieur avec autrui.

Être honnête avec soi-même mène à lâcher prise, à la reconnaissance de soi. Paradoxalement, le fait de reconnaître les choses en soi ne les renforce pas, mais aide à faire la paix avec elles. Cela participe au processus de change-

va m'aider à aller mieux dans ma vie ?

ment. Cela aide aussi à faire des deuils. Par exemple, deuil d'être plus mince, plus fort dans telle discipline, deuil de la guérison et ainsi de suite. Et le fait de tourner la page, de lâcher prise donc, d'accepter (et non pas de se résigner), provoque le changement en nous, amène des déclics. Et cela mène progressivement à la paix.

La méditation nous aide à nous reconnecter à nous-même, à notre source, à notre être profond, véritable, à développer notre conscience.

La sophrologie est faite pour cela.

D'ailleurs, si vous faites de la sophrologie parallèlement à une psychothérapie, cette dernière ira beaucoup plus vite car les deux aident à être honnête avec soi-même et à voir plus clair dans son processus personnel.

POURQUOI PRATIQUE-T-ON DEBOUT ET ASSIS ET PAS ALLONGÉ ?

La sophrologie se propose de développer la conscience et pour cela, il est plus opportun de rester éveillé. Or la position allongée favorise l'endormissement. Il arrive déjà assez souvent que les personnes s'endorment en position assise, quelques secondes, donc vous imaginez si elles étaient allongées ! Si vous vous endormez, ce n'est pas grave, mais vous loupez la moitié de la séance, comme si vous vous endormiez au cinéma. C'est dommage !

De plus, les positions verticales sont plus dynamiques au niveau corporel et l'apprentissage dans la verticalité développe la capacité à se poser, se reposer, se relaxer, être conscient de soi, vivre le moment présent dans les positions du quotidien, à table, au bureau, en voiture, en attendant à une caisse, en travaillant dans une boutique, en faisant du sport, bref, dans toutes les situations.

Et être bien d'aplomb, ancré, les pieds sur terre, droit dans ses bottes participe considérablement au développement de la confiance en soi.

Ayant travaillé pendant une dizaine d'années auprès d'enfants, dans les cadres associatifs et scolaires, j'ai vite remarqué qu'en les amenant à prendre conscience de leurs appuis dans la verticalité, à travers des jeux d'éveil corporel,

va m'aider à aller mieux dans ma vie ?

ils gagnaient rapidement en assurance, se positionnaient mieux et se positionnaient aussi par rapport à l'autre, au sens propre comme au figuré. Certaines mamans me disaient : « je ne sais pas ce que vous faites, mais ma fille chante à la maison, est plus joyeuse et ose me demander des choses simplement, sans pleurnicher ou se plaindre ». Ou encore « Mon fils est plus calme, il s'énerve moins pour un rien et prend plus le temps de m'expliquer ce qu'il ressent ». Quelques exemples parmi bien d'autres.

La pratique sophrologique en posture verticale développe la capacité à gérer ses tensions musculaires, ses appuis, la répartition du poids de son corps sur ses appuis, les effets de la pesanteur, les attitudes corporelles, le juste équilibre…

De plus, la position verticale n'a pas que des incidences et des raisons physiques.

Comme je l'ai expliqué, notamment concernant les enfants, elle influe sur le mental et l'émotionnel : Nous n'éprouvons pas la même chose en position allongée, avachie, assise le dos droit, debout mollassonne, debout bien droite, de guingois ou tordue.

Notre état d'esprit n'est pas le même. Ainsi, notre posture va agir sur notre état d'esprit et notre état d'esprit va agir sur notre façon de nous positionner. Physiquement et mentalement.

Cela participe au développement conscient et harmonieux entre le corps, le mental et l'émotionnel qui interagissent en permanence, pour être de plus en plus en accord avec nous-même, être en accord avec notre corps, nos besoins, nos souhaits, nos valeurs.

Et devenir nous-même.

La sophrologie ne se pratique donc jamais allongé ?

Bien sûr que si, dans des cas particuliers : Si une personne est incapable de rester assise, ou avec les personnes alitées, hospitalisées. Mais c'est surtout en séance individuelle. Dans la mesure du possible, selon l'état de santé du pratiquant, on pratique en verticalité.

va m'aider à aller mieux dans ma vie ?

L'IMPORTANCE DU DISCOURS

Dans une séance de sophrologie, le discours du sophrologue est prépondérant.

On l'appelle le *terpnos logos* (vient du grec, qui veut dire « discours », « parole »).

Dans le discours, il y a le choix des mots, du ton, du rythme. Le discours ne doit pas être inductif, en tout cas le moins possible.

Car il est très facile d'être dans l'induction et ne pas l'être demande un vrai travail de conscience de l'impact des mots, des tournures de phrase, de la longueur des phrases, de l'intonation.

Ne pas être inductif pour laisser chaque personne vivre ce qu'elle a à vivre à chaque instant, quoiqu'il en soit.

Le discours, cependant, se doit d'être aussi percutant, pour « percuter la conscience » comme le disait souvent Bernard Santerre, ancien directeur fondateur de l'Institut de Sophrologie de Rennes (décédé en août 2011).

Pour cela, l'étudiant en sophrologie doit s'entraîner aux techniques pour lui-même et rencontrer, si possible, d'autres élèves pour tester les discours, les mots. C'est à force d'entraînement et de travail sur soi, de prises de conscience, que les mots s'ajustent, afin que la séance soit de plus en plus fluide et pertinente.

En quoi le fait de remuer les épaules

En ce qui concerne les visualisations, ce n'est pas au sophrologue de dire ce que vous devez voir, entendre, sentir, éprouver, penser, percevoir.

Particulièrement dans une séance collective où chaque personne a un vécu personnel. Les visualisations ne sont pas anodines et le professionnel qui utilise ces méthodes sait ce qu'il fait. A un niveau de conscience modifié, les mots , les rythmes, les fréquences sonores ont un impact sur le psychisme et on ne peut pas « bidouiller » .

va m'aider à aller mieux dans ma vie ?

QU'AMÈNE LA PRATIQUE DE LA SOPHROLOGIE ?

La pratique de la sophrologie permet de développer les facultés mentales, potentiels, capacités présentes en chacun de nous, à l'état latent, encore inexploitées ou de façon inappropriée. Ceci pour nous permettre de nous réaliser pleinement en tant qu'individu, en pleine conscience de nos capacités et des choix qui s'offrent à nous, afin de vivre le plus possible en harmonie : C'est à dire sans conflit (dans l'idéal) avec nous-même et notre environnement, notre passé, présent, futur (grâce à la capacité de confiance en soi qu'elle développe, entre autres).

La sophrologie faisant énormément travailler le cerveau, permet la naissance de nouvelles connexions, synapses, agit aussi bien au niveau du cortex que des cerveaux limbique et reptilien.

Le sophronisant développe une plus grande conscience de son corps et se découvre de nouvelles capacités mentales, en fait déjà présentes, mais peu ou mal exploitées, si bien que celles-ci se développent et se renforcent.

Ainsi, la capacité de concentration se renforce, grâce à des exercices spécifiques, la faculté à se poser, à se recentrer dans le moment présent, à avoir conscience à la fois de son corps et de ses ambiances mentales et émotionnelles.

En quoi le fait de remuer les épaules

De plus, le pratiquant en sophrologie voit aussi son intuition se développer, grâce, notamment, au travail de conscience des sens, toujours de façon phénoménologique, sans a priori, comme si c'était la première fois, sans nommer les choses.

Et aussi sa capacité de décision. Il est amené à faire des choix, à ne plus encombrer son intellect de questions incessantes et à se poser les justes questions, à réfléchir efficacement.

Se développent aussi la curiosité puisqu'il travaille son esprit à être sans a priori, la capacité d'émerveillement, à se laisser apprendre, à toujours être à la découverte (donc ne plus être blasé, amer). Il développe sa capacité à accueillir toute chose comme si c'était la première fois, sans jugement.

Tout cela lui permet de s'affirmer, de prendre conscience de ses limites aussi, de ses possibilités, et par conséquent de prendre sa place, de se respecter, ce qui mène à l'acceptation de soi, à se prendre comme on est, sans jugement de soi justement.

De même, se développe l'honnêteté envers soi-même, la congruence, et bien sûr le respect de l'autre, l'empathie, la compréhension de l'autre, le non jugement de soi et des autres, la tempérance, la capacité à ne pas interpréter hâtivement.

Ce qui se vérifie particulièrement lors des séances collectives : tout le monde semble vivre la même séance, mais

va m'aider à aller mieux dans ma vie ?

quand chacun s'exprime, on se rend compte que quasiment personne n'a vécu la même chose durant sa séance.

Pendant qu'une personne s'exprime, les autres gardent le silence, n'interviennent pas pour faire des commentaires ou donner des conseils ou pire, porter des jugements. C'est un dialogue entre le sophrologue et le sophronisant. Cela permet à chacun de s'exprimer librement sur son vécu durant la séance en disant « JE », comme je l'ai déjà expliqué et permet aussi à chacun de se rendre compte que tout le monde vit des choses différentes malgré les apparences.

La sophrologie aide aussi, bien entendu, à se détendre physiquement, à faire le calme, le « vide », à envisager les choses autrement.

Le fait de faire descendre le niveau de vigilance en ondes alpha, le cerveau n'est plus dans l'analyse logique, mais dans l'analogie :

Ainsi, à partir de sensations, de ressentis divers, le pratiquant fait quelquefois des liens qu'il n'aurait pas pu faire en mode éveillé. Il n'est pas rare que des personnes me disent qu'elles ont trouvé la solution à leur problème du moment pendant la séance.

La pratique de la sophrologie développe tous les aspects positifs de la personne. Elle a une énorme fonction prophylactique (de prévention), car quand arrivent les soucis, les problèmes, on est plus armé si on a fait un travail de reconnaissance de ses émotions, de ce qui se passe dans sa tête et dans son corps, avec bien des capacités renforcées, comme par exemple la capacité à prendre du recul, à voir les choses telles qu'elles sont et non pas comme on s'imagine qu'elles sont ou doivent être, bref, on se fait beaucoup moins de cinéma !

Elle permet aussi de maîtriser sa respiration, ses symptômes corporels de stress, en les reconnaissant sans les subir, en étant capable de vite calmer le jeu, de se ressaisir pour mieux envisager les choses sans affect et faire les meilleurs choix possibles. Prendre ses responsabilités, en se respectant.

De plus, la sophrologie possède une très réelle fonction pédagogique !

Évidemment, avec tout ce que je vous ai déjà dit, on comprend bien que d'apprendre à mieux se connaître est éminemment formateur.

Bernard Santerre, que j'ai déjà nommé, disait que la sophrologie est « la pédagogie de l'existence » et je suis complètement en accord avec ces propos.

Pour ma part, j'ai davantage appris en une année de sophrologie qu'en dix ans de ma vie. Et depuis le temps, je ne cesse d'apprendre, c'est exponentiel.

Plus vous prenez conscience et plus vous prenez conscience.

J'utiliserais l'image suivante : un arbre, il y a le tronc, puis les branches et des branches sur les branches et des feuilles sur les branches des branches...

Bien évidemment la sophrologie s'adresse à tout le monde. Les personnes qui viennent à mes cours me disent chaque année que si elles avaient connu ça plus tôt, bien

va m'aider à aller mieux dans ma vie ?

des problèmes auraient été évités et que la sophrologie devrait être enseignée à l'école. Ben oui... Qu'on se le dise...!

Le développement de la conscience humaine est certainement un enjeu majeur de notre époque. Il y a énormément de méthodes pour cela et la sophrologie en est une, simple, rapide et applicable à tous. Il suffit de le vouloir et de vouloir que la société humaine avance vers plus... d'humanité. C'est un vrai projet politique, mais ce n'est pas le but de mon ouvrage. En tout cas, pas de celui-ci !

QU'EST-CE QU'UNE SENSATION ? QU'EST-CE QU'ON DOIT SENTIR ?

Dans une séance de sophrologie, on se met à l'écoute des sensations dans le moment présent.

Souvent, des personnes disent ne rien sentir et se demandent ce qu'elles doivent sentir.

On ne doit rien sentir en particulier, il s'agit juste d'être à l'écoute de son corps et de ses sensations, quelles qu'elles soient.

Oui, mais... c'est quoi une sensation ?

C'est ce que l'on sent, l'information, le message que l'on reçoit, que l'on perçoit.

Ce peut être n'importe quoi. Par exemple, le contact des pieds dans les chaussures, le contact du dos sur le siège, le ventre qui bouge quand on respire, l'air qui circule dans le nez, la sensation d'un bijou sur le poignet, le contact des vêtements sur les bras, un gargouillis dans le ventre, sentir le mouvement de la mâchoire quand on baille, la position de la main droite à un moment donné, une tension musculaire dans une épaule, une narine qui chatouille, bref, tout ce que l'on est en mesure de capter de nous-même à un moment donné.

va m'aider à aller mieux dans ma vie ?

Attention, ce n'est pas au sophrologue d'induire une sensation, comme je l'ai dit précédemment. Par exemple, le sophrologue va juste vous demander d'être à l'écoute, de prêter attention à vos sensations, telles quelles, au niveau du visage. Vous pouvez alors prendre note, peut-être, de picotements, de sensation de fraîcheur, de déséquilibre entre les deux côtés, sentir le contact de l'air ou des cheveux sur le front, la sensation de la présence de l'œil dans son orbite, la forme du nez, ou toute autre chose. C'est infini et sans jugement de valeur.

Tout est intéressant, tout vous permet de prendre conscience de votre réalité corporelle, et pas seulement des douleurs ou ce qui dysfonctionne. Les sensations peuvent être désagréables, ou agréables... ou neutres.

Ce n'est pas un jugement, c'est juste un constat.

En tout cas, ce n'est pas au sophrologue de vous dire si votre front est chaud ou froid, ou de vous dire que vous sentez votre visage se détendre. Ce sont là des inductions et si vous ne sentez pas ce qu'il vous dit, vous risquez de vous sentir en échec. Les inductions sont réservées à d'autres méthodes bien spécifiques et complémentaires, telles que l'hypnose, entre autres. Elles ont alors un but thérapeutique et ne s'improvisent pas (sauf si le thérapeute a de l'expérience. Comme dans les arts majeurs, l'artiste peut se permettre d'improviser quand il maîtrise parfaitement son outil et sa méthode). Et cela aussi requiert un savoir-faire et un travail sur soi de la part du thérapeute.

En quoi le fait de remuer les épaules

Une des difficultés et talents du sophrologue est justement d'enseigner un outil, une méthode de travail, avec le minimum d'induction. Pourquoi ? Pour laisser la personne libre de se découvrir à son rythme.

Bien entendu, il est difficile de ne jamais induire, c'est même quasiment impossible, ne serait-ce que par la voix, le ou la sophrologue induit forcément un niveau de vigilance plus ou moins bas selon le ton, la tessiture, le rythme... Cependant, cela fait partie du travail du sophrologue d'être conscient de ce qu'il fait et dit, de la manière dont il le dit et fait. En toute conscience. Il doit constamment travailler sur lui-même pour, aussi, affiner son discours, les mots qu'il emploie pendant une séance et comment il les emploie.

Le discours, le *terpnos logos* est primordial dans une séance pendant laquelle les participants sont à des niveaux de vigilance modifiés.

J'ouvre à ce propos une parenthèse sur le fait que quelquefois, des enseignants (en gym, yoga, théâtre ou autres) disent qu'ils font à la fin de leurs cours une séance de sophrologie. C'est souvent très agréable et très décontractant, et les participants adorent, mais ce n'est pas de la sophrologie.

Il est important que le terme de sophrologie ne soit pas galvaudé, même si l'utilisation de son nom à tout va rend finalement plus populaire et favorise son intégration dans le quotidien et le langage courant. Devenir sophrologue demande une formation pointue, spécifique, donc , ne s'improvise pas ; Il en va de même pour toutes autres disciplines

va m'aider à aller mieux dans ma vie ?

corporelles et mentales qui exigent aussi une formation de qualité. Ce sont des professions à part entière.

Il est, à mon sens, important d'être honnête et de dire réellement ce que l'on fait. Quand on utilise des outils de relaxation à la fin ou au cours d'une séance quelconque, on dit ce que l'on fait et on sait ce que l'on fait. On connaît les tenants et les aboutissants de la méthode que l'on emploie.

Par respect pour les professionnels qui ont été sérieusement formés et sont experts dans ce domaine, pour les enseignants et surtout par respect du public qui accorde sa confiance.

Loin de moi l'idée de faire la morale, c'est que je me pose aussi la question : « Que se passe-t-il si l'enseignant utilise de la visualisation sans connaissance de cause et qu'une personne sort de son cours perturbée ? » Est-ce bien le lieu ? Si vous avez des questions à ce sujet, n'hésitez pas à me contacter. Je referme la parenthèse.

« Qu'est-ce qu'on doit sentir ? ».

Rien de spécial. Souvent, on cherche ou l'on attend des sensations particulières, hors du commun, voire extraordinaires. En fait, il s'agit juste de se connecter à l'ordinaire, les choses du quotidien comme celles que j'ai énoncées plus haut parmi tant d'autres possibles et auxquelles, justement, on ne prête jamais attention parce qu'on ne prend pas le temps, parce que l'on juge que ça ne sert à rien, que c'est débile.

Et finalement, à force de prendre le temps, de s'autoriser à écouter toutes ces petites choses banales, notre capacité

En quoi le fait de remuer les épaules

de sentir, d'accueillir les autres sensations que l'on ne soupçonnait même pas s'affine, se développe.

Et voilà, nous entrons tout simplement, progressivement, sans faire de bruit sur le chemin de la conscience de soi, pas à pas.

Petit à petit, tout devient intéressant et nous apprenons aussi à être à l'écoute de nos pensées, dialogues internes, états d'esprit, sentiments, ambiances intérieures.

Petit à petit, vous vous rendez de plus en plus compte de ce que vous vivez intérieurement, sans jugement de valeur, sans à priori, sans attente particulière.

Et là, c'est vous qui vivez de plus en plus intensément, de plus en plus consciemment. Vous prenez de plus en plus conscience de votre existence, vous vous sentez vivre. Tout devient source d'intérêt, voire de curiosité, d'étonnement, d'émerveillement.

va m'aider à aller mieux dans ma vie ?

QU'EST-CE QUI EST LE MIEUX ? LES SÉANCES INDIVIDUELLES OU COLLECTIVES ?

C'est vraiment selon les préférences de chacun.
Il faut se sentir à l'aise. Certaines personnes préfèrent l'intimité, la confidentialité des séances individuelles et d'autres ressentent le besoin ou l'intérêt du travail en groupe.
En individuel, la personne peut plus facilement s'exprimer sur ses difficultés personnelles, sa vie. Le sophrologue a aussi la possibilité de cibler son travail sur les besoins exprimés par son client, sa cliente.
En groupe, la prise de parole de chacun peut résonner chez les autres, les faire réfléchir sur des aspects auxquels ils n'avaient pas pensé, les faire avancer dans leurs propres problématiques, grâce notamment à la capacité d'écoute du sophrologue. Le groupe est porteur, amène une dynamique dans les prises de conscience de chacun. Il entraîne aussi à s'exprimer en public, à s'affirmer, à se respecter et se reconnaître soi-même et à respecter et reconnaître les autres dans ce qu'ils ont de ressemblant ou de différents de soi. Le travail en groupe participe à prendre sa place dans le monde, dans la vie. De plus, les séances collectives étant

moins chères, elles permettent de pratiquer plus longtemps et donc d'aller plus loin.

En ce qui me concerne, je propose toujours aux personnes qui viennent en séances individuelles de continuer en groupe dès qu'elles se sentent à l'aise. À l'inverse, des personnes pratiquant en collectif peuvent bénéficier de séances individuelles quand le besoin s'en fait sentir.

LA NOTION DE CONFIDENTIALITÉ

Bien entendu, le sophrologue est tenu au secret professionnel et ne doit pas révéler à l'extérieur ce qu'il s'est dit pendant les séances, individuelles ou collectives. Il en est de même pour tous les membres du groupe. Tout le monde est tenu à la confidentialité. Ceci est indispensable pour établir la confiance et doit être expliqué en début de session.

va m'aider à aller mieux dans ma vie ?

COMMENT LE FAIT DE REMUER LES ÉPAULES VA M'AIDER À ALLER MIEUX DANS MA VIE ?

Si vous remuez les épaules (stimulation que l'on retrouve dans la Relaxation Dynamique du premier degré) en pensant à autre chose ou sans prêter attention à ce que vous faites, cela ne va pas vous mener bien loin, en effet.

Par contre, si vous secouez les épaules en le vivant comme une expérience nouvelle, en étant à l'écoute de ce que vous faites, des sensations que cela vous procure, des choix que vous faites dans la manière d'exécuter la stimulation(par exemple, intensité, amplitude, durée du mouvement, vitesse...), bref, en conscience, cela change tout.

Car là, vous êtes acteur et vous vous rendez compte de ce que vous vivez dans votre corps.

Le temps de pause qui suit les stimulations sert à intégrer le plus consciemment possible les informations qui circulent en vous, les manifestations corporelles, mentales, émotionnelles qui font éventuellement écho aux stimulations, à prendre conscience de ce qui a été mobilisé, mis en jeu, ne serait-ce que sur un plan physique. Et tout cela dans un esprit phénoménologique, sans rien attendre, sans commentaire ni jugement ni analyse. On recueille juste les informations pour notre banque de données, les pièces de puzzle qui s'assemblent d'elles-mêmes ensuite.

Nous ne décidons pas des connexions, elles se font à notre insu.

Mais plus nous emmagasinons d'informations sur nous-même, plus nombreuses sont les connexions et les prises de conscience.

Et plus nous sommes conscients, plus nous pouvons agir, moins nous subissons. En somme, les stimulations des épaules, comme toutes les stimulations des relaxations dynamiques en sophrologie permettent de mieux se connecter à notre corps, d'en faire l'expérience consciente et aussi de développer nos capacités d'écoute, d'accueil de ce qui est, d'objectivité.

En développant notre conscience de nous-même, nous développons notre capacité à agir dans un sens positif pour nous, donc notre créativité.

Vous voyez que cela dépasse le simple fait de remuer les épaules !

Et si une personne ne peut pas remuer les épaules, ou pratiquer toute autre stimulation ?

Elle peut imaginer qu'elle le fait. Cela va enclencher dans le cerveau les mêmes phénomènes (avec moins d'intensité tout de même).

va m'aider à aller mieux dans ma vie ?

Elle peut aussi se mettre à l'écoute de ce que cela provoque en elle de ne pas pouvoir le faire. Toujours sans commentaire et sans jugement, sinon cela n'amène aucune évolution.

Ce qui est intéressant, c'est la capacité d'objectivité par l'observation (entre autres capacités propres à chacun à un moment donné) que cette démarche développe.

QU'EST-CE QUE ÇA DOIT FAIRE, QU'EST-CE QUE ÇA DOIT M'APPORTER ?

Quelquefois, les gens me disent qu'ils ne voient pas ce que tel ou tel exercice leur apporte, qu'ils ne voient pas à quoi ça sert, qu'ils ne comprennent pas l'intérêt de la méthode et ils bloquent, se demandent ce qu'ils font là.

Cela nous arrive à tous, nous est déjà arrivé et nous arrivera encore. Si ce n'est pas en sophrologie, ce peut être pour d'autres disciplines, d'autres apprentissages.

En fait, nous fonctionnons à l'envers. Nous voulons tout comprendre tout de suite et que cela amène rapidement des résultats avant même d'avoir pris le temps d'expérimenter. Et tant que nous fonctionnons ainsi, nous sommes confrontés à des frustrations et n'allons pas au bout des choses.

Comme je l'ai dit à plusieurs reprises, le secret réside dans le fait de ne rien attendre. Plus on attend que ça nous apporte quelque chose, moins nous nous rendons compte de ce qu'il se passe en nous. Nous nous créons un stress d'attente qui empêche d'être réceptif, disponible à soi, à tout ce qui peut arriver. Alors peut-être bien qu'il se passe des choses, mais nous ne sommes pas capables, à ce moment-là, de les sentir, de les capter consciemment.

Généralement, quand une personne me dit « je ne vois pas ce que ça m'apporte », c'est qu'elle s'attend à quelque

va m'aider à aller mieux dans ma vie ?

chose de spécial, de nouveau, d'extraordinaire, un mieux, un plus. Et encore une fois, lorsque l'on est dans cette tension d'attente, on ne sent rien. Ou alors les douleurs qui s'accentuent.

Car au début, on ne ressent souvent que les fortes sensations et il s'agit souvent des douleurs (mais pas systématiquement). Ou alors, la séance relaxe tellement que le niveau de vigilance est très proche du sommeil et l'on ressort alors avec un sentiment général de détente, certes très agréable (ce qui est déjà beaucoup pour certaines personnes), mais qui peut s'avérer frustrant pour d'autres : « Bon voilà, et après ? ».

En fait, nous sommes invités à retrouver le petit enfant qui est en nous, avec sa capacité de faire des expériences, sa curiosité, son absence de préjugés et de jugement, sa capacité d'émerveillement.

Déjà in utero, le fœtus fait des expériences d'ordre sensoriel. À la naissance et pendant les trois premières années de sa vie à l'air libre, il ne cesse de faire des expériences : il touche, goûte (tout et n'importe quoi !), il touche en goûtant, le sens du toucher étant très développé au niveau de la bouche, il hume regarde, scrute, écoute.

Tout est nouveau et tout est riche d'enseignement, d'informations.

À force d'expériences sensorielles, il accumule des sensations liées au sens du toucher, du goût, de la vue, de l'odorat, de l'ouïe.

En quoi le fait de remuer les épaules

À force de vérifier ces sensations et d' accumuler d'autres informations, il en arrive à certaines prises de conscience, il se rend compte de certains phénomènes et il finit par comprendre certains fonctionnement.

Le cerveau se construit grâce à ces expériences, qui ne sont nullement des bêtises (c'est l'adulte qui les interprète ainsi car souvent il n'a pas conscience de ses propres fonctionnements).

L'intelligence en général se développe à partir d'expériences sensorielles et corporelles. Ce que l'enfant apprend entre zéro et trois ans est phénoménal ! Observez les enfants et réapprenez avec eux...

Ensuite, en grandissant, nous sommes de moins en moins dans l'expérience corporelle et sensorielle, simple, du quotidien. Nous savons, nous devenons blasés et recherchons sans cesse des sensations plus fortes. Nous avons besoin de cela pour nous sentir exister, avoir du plaisir à exister. Et surtout, nous voulons comprendre avant d'avoir expérimenté. L'intellect prend le pas sur l'expérience, sur le corps.

En développant notre capacité à faire des expériences comme si c'était la première fois, comme le petit enfant, (même si on sait que ce n'est pas le cas), nous continuons de développer notre cerveau, des connexions, des synapses entre nos différentes aires cérébrales et le reste de notre corps, des cellules gliales, des neurones, la conscience que nous avons de nous-mêmes et du monde extérieur.

Grâce au travail sur les sens, très important en sophrologie, nous prenons de plus en plus conscience de notre rela-

va m'aider à aller mieux dans ma vie ?

tion avec le monde extérieur, de notre existence, à partir de choses simples, à portée de main (ou d'yeux, d'oreilles...!). Notre quotidien prend de plus en plus de saveur et nous prenons plaisir à exister.

Le petit enfant fait tout cela sans avoir besoin d'y penser, cela fait partie de son évolution. Quand l'adulte, dans nos sociétés occidentales ne sait plus le faire, la sophrologie l'aide à continuer à faire, à vivre des expériences, en conscience, ce qui a encore plus d'impact sur son présent. Il se sent alors plus présent dans sa vie, plus vivant.

Cela se fait petit à petit, pas tout d'un coup tout de suite maintenant !

Le fait de lâcher prise au niveau de l'intellect et des attentes (sans a priori, sans analyse) et de l'intérêt de ce que l'on fait (sans jugement), permet de se laisser vivre pleinement les expériences de notre corps, y compris au niveau mental et émotionnel qui se manifestent par notre corps. À force de se laisser vivre ces expériences, nous captons, réceptionnons, accumulons des sensations diverses et variées qui nous informent sur ce que nous vivons corporellement, mentalement et émotionnellement dans le moment présent. À force d'intégration de ces informations, nous prenons conscience de nos fonctionnements ce qui nous amène à une certaine compréhension de nous-même en tant qu'individu et en tant qu'être humain.

Voilà pourquoi on ne peut voir ce que cela nous apporte tant qu'on ne laisse pas la porte ouverte, sans attente.

En quoi le fait de remuer les épaules

Nous ne pouvons pas non plus savoir ce que ça nous apporte tant que nous ne nous mettons pas au travail, tant que nous ne faisons pas les choses sérieusement(mais sans se prendre au sérieux...), avec un minimum de discipline.

En fait, la bonne question qui ferait vraiment avancer serait plutôt « qu'est-ce que ça m'apprend ? ».

Dans ce qu'est-ce que ça m'apporte il y a de la passivité, on y voit un consommateur qui attend tout de la méthode. Et ça ne fonctionne pas parce que tant que l'on reste dans cette attitude, on n'apprend rien.

Or, si l'on se demande ce que cela nous apprend, ce que cela nous enseigne, cela suppose que de notre côté nous sommes prêt à nous laisser apprendre. Et tout est là, dans le fait de se laisser apprendre de nous-même. Il y a de l'engagement et de l'humilité. Et la séance, à ce moment-là n'est ni bonne ni mauvaise, elle est tout simplement intéressante car il y a toujours des choses à apprendre, ne serait-ce que dans ses propres fonctionnements. Par exemple, remarquer qu'on attend des choses particulières...

La sophrologie est une démarche active et non pas passive, consumériste.

va m'aider à aller mieux dans ma vie ?

JE N'ARRIVE PAS À ME CONCENTRER, COMMENT DOIS-JE FAIRE ?

Là encore, une question récurrente.

Se concentrer, c'est s'intéresser. Il serait intéressant de se demander si l'on s'intéresse vraiment à ce que l'on fait pendant sa séance. Et quand les gens me disent qu'ils ont des « pensées parasites » ou bien qu'ils « s'évadent », le plus souvent, c'est qu'ils ne font pas beaucoup cas de ce qu'ils vivent dans le moment présent, réellement, concrètement, simplement. Quand je les interroge à ce sujet, ils répondent en effet que ça ne les intéresse pas trop. Ils ne voient pas ce que ça leur apporte !!!

Ils s'intéressent plus à leurs problèmes ou aux choses du quotidien, à leur futur ou leur passé, même très proche. Du coup, ils ne s'intéressent pas à ce qu'ils vivent. Ils s'intéressent à ce qu'ils ont vécu ou à ce qu'ils vivront peut-être, mais pas à ce qu'ils vivent.

C'est là encore un choix. Il revient à chacun de choisir de s'intéresser à ce qu'il vit là, en ce moment, concrètement, d'être présent, ou non. Personne ne peut le faire à sa place.

Et à quoi sert de vivre le moment présent ?

À ne pas être toujours dans le passé ou le futur !

À être là, vivant, tout entier, avec son corps, sa tête et son cœur.

Vous avez déjà déjeuné en face de quelqu'un qui est perdu dans ses pensées, à qui vous parlez mais vous sentez bien qu'il n'est pas avec vous ?

Vous avez déjà passé des heures à chercher des clés, des lunettes, des documents et à perdre du temps, de l'énergie, de la bonne humeur à cette tâche ?

Vous avez déjà loupé une sortie d'autoroute parce que vous étiez perdu(e) dans vos pensées ?

Vous avez déjà passé une journée à ressasser des idées noires alors que tout vous souriait : le beau temps, vos enfants, le voisin, la bonne copine et être passé(e) à côté de tout cela ?

Vous avez déjà perdu des amis parce que vous les fatiguez à toujours vous inquiéter de tout ?

Vous avez déjà eu le sentiment d'être à côté de vos pompes ?

Tout cela n'arriverait plus, ou beaucoup moins souvent et moins intensément si vous vous autorisiez à vivre le moment présent.

Moins de perte d'énergie et de temps, moins de peurs, moins de regrets, plus de disponibilité à soi et aux autres, plus d'authenticité, d'objectivité , moins de films dans la

va m'aider à aller mieux dans ma vie ?

tête (sauf ceux que l'on choisit de se faire), plus de capacité à faire ses choix et à prendre ses responsabilités en toute conscience (ce qui mène à la liberté), plus de capacité à profiter des bons moments de la vie et à les vivre vraiment (ce qui décuple leurs effets), plus de capacité à relativiser.

La liste est longue, je m'arrête là. Observez-vous et vous comprendrez de quoi je veux parler !

Et ce n'est pas trop fatigant de vivre tout le temps le moment présent ?

C'est tout le contraire, mais je vous rassure, ça n'arrive à personne !

Il est cependant certainement moins fatigant que de s'énerver parce qu'on ne sait plus ce que l'on a fait de ses affaires, parce qu'on s'énerve pour un oui ou pour un non, parce qu'on est dans la réaction et qu'ensuite on regrette. On perd moins de temps et d'énergie quand on est présent, c'est une évidence. Mais ce n'est pas toujours facile, il faut appuyer souvent sur le bouton « je suis ici en ce moment » ! Et quand on y parvient quelques minutes, quelques heures, quelle quiétude !

ON DIT QUE LA SOPHROLOGIE DÉVELOPPE LA CRÉATIVITÉ. COMMENT CELA ?

En fait, qu'est-ce qu'être créatif ?

Si je pars de mon expérience et de ma compréhension des choses, je dirais que c'est agir dans le bon sens pour soi à un moment donné. Ce n'est pas uniquement relié au sens artistique.

Si vous êtes assis dans un fauteuil et qu'au bout de dix minutes vous avez mal au dos, vous pouvez soit rester assis dans ce fauteuil et subir, soit modifier votre position ou changer de siège, rester debout (ce qui s'inclut dans la rubrique « changer de position »), ou mettre un ou des coussins… Pour changer de position, ne serait-ce que de modifier la posture des jambes ou du bassin, il faut le décider.

Pour prendre la décision de modifier sa posture, il faut déjà prendre conscience du fait qu'il est possible de la changer, d'agir autrement.

À partir du moment où vous vous donnez la possibilité de faire autrement, pour votre mieux être, vous agissez dans un sens positif pour vous. Quand vous changez consciemment de posture parce que vous vous rendez compte que la vôtre n'est pas confortable, ou pas juste, vous êtes créatif. En ce sens, la créativité c'est la vie.

va m'aider à aller mieux dans ma vie ?

En fait, au départ, vous vivez une situation lambda. Vous prenez conscience de ce que vous vivez dans ce moment sensations, pensées, émotions, sentiments... Si ce que vous remarquez n'est pas très agréable, vous avez le choix entre rester dans cette situation ou faire autrement en cherchant toutes les possibilités qui s'offrent à vous : pour reprendre l'exemple du départ, modifier la posture, marcher, aller chercher un coussin, demander à quelqu'un de vous apporter un coussin ou un repose pieds, vous décontracter, ou râler , vous plaindre, vous crisper... À partir de là, il s'agit de faire son ou ses choix puis de mettre en action, d'agir en toute responsabilité.

Nous avons toujours le choix. Quelquefois, le choix est très restreint et d'autres fois, en fait le plus souvent, il s'offre à nous un tas de possibilités dont nous n'avons même pas conscience. C'est une question de regard. Regard sur les choses, événements, sur nous-même, notre façon de vivre, de penser, nos croyances, nos idées...

La pratique de la sophrologie développe la conscience sous tous ses aspects, cela développe par conséquent le champ de conscience des possibilités, surtout les plus simples, auxquelles on ne pense généralement pas parce que justement, ça paraît trop simple !

En développant notre conscience des possibilités qui s'offrent à nous, et les différents regards que l'on peut porter sur ce que l'on vit, notre manière d'être, de penser et notre capacité à s'autoriser à faire autrement, puis à choisir

En quoi le fait de remuer les épaules

et enfin mettre en œuvre notre choix, la pratique de la sophrologie développe la créativité.

Vous connaissez certainement des personnes qui disent qu'elles ne peuvent pas changer, que c'est comme ça et que l'on ne peut rien y faire, qu'elles n'ont pas le choix... N'est-ce pas ?

À nous de faire de notre vie une œuvre d'art...

va m'aider à aller mieux dans ma vie ?

EN GUISE DE CONCLUSION

Il y a certainement encore bien d'autres questions à traiter, mais je choisis de m'en tenir là. Cependant, si vous avez d'autres questions, n'hésitez pas à m'en faire part et je vous répondrai dans la mesure de mes compétences.

J'ai beaucoup expliqué à partir d'exemples corporels car en tant que sophrologue et enseignante en culture physique, cela me paraît plus évident. J'ai surtout traité des questions concernant les relaxations dynamiques caycédiennes, car c'est ce que j'enseigne.

D'autres livres traitent de divers sujets qui peuvent compléter ces réflexions et je ne tiens pas à faire des redites.

Cet ouvrage ne traite pas les définitions, l'historique, les techniques de la sophrologie.

J'ai juste tenu à répondre aux questions des débutants pour les encourager à continuer. Et cela répond peut-être aussi, en partie, aux questions que l'on peut se poser sur la méditation, quelle que soit sa forme.

Si vous vous posez des questions sur le fonctionnement biochimique du cerveau pendant et après une séance, sur les différents niveaux et états de conscience, sur Caycedo et la naissance de la sophrologie ou, dans un autre registre, comment savoir dire non, comment gérer les conflits, comment arrêter de fumer ou tout autre « comment », il y a de

En quoi le fait de remuer les épaules

multiples ouvrages qui traitent de tous ces sujets dans les librairies.

J'ai souhaité répondre à une demande qui n'était, jusque-là, pas comblée. J'espère juste avoir rempli mon objectif et vous avoir un peu éclairé sur la question.

Enfin, atteinte du syndrome de Gilles de la Tourette depuis l'âge de sept ans, je peux affirmer que vingt ans plus tard, la découverte de la sophrologie m'a sauvée.

Elle est pour moi LA rencontre, et le pilier de toutes mes autres activités.

va m'aider à aller mieux dans ma vie ?

REMERCIEMENTS

Je remercie mes élèves en sophrologie, et mes amies qui m'ont encouragée à écrire cet ouvrage en me disant que ça serait bien si je le faisais... qu'il y en a besoin... que ça manque...!!!

Je remercie tous ceux qui ont eu vent de ce projet et qui l'ont reçu avec bienveillance, sans bataille d'ego.

Et je remercie particulièrement Soizick Roulinat, qui m'a franchement encouragée à réaliser ce projet, en connaissance de cause. Merci pour son soutien et son écoute exceptionnels.

Merci aussi à mes deux grands garçons qui ne se sont jamais moqués de leur mère et ont participé à la mise en page , particulièrement mon aîné Antoine qui a fait un vrai travail de pro !

Merci à mon mari qui a cru en mes capacités en m'amenant aux sports d'hiver. En effet, comme je ne skie pas, j'ai écrit les trois quarts de ce livre pendant que mes trois hommes étaient sur les pistes !!!

Et à tous ceux qui ont bien compris que la sophrologie active notre capacité à se remettre en question et qui pensent que c'est fatigant, je dis qu'il est, à mon avis et de par mon expérience, plus fatigant de faire du sur place que d'avancer !

En quoi le fait de remuer les épaules

Et pour finir, je me félicite et me remercie d'avoir mené ce projet de longue date jusqu'au bout, malgré mon handicap.

À ce propos, merci du fond du cœur à Bernard Santerre et à tous mes enseignants, passés et présents de m'avoir pris comme j'étais, malgré le malaise que ma présence dans les cours a pu produire. Merci de ne pas m'avoir jugée et de m'avoir accueillie telle quelle. Vos attitudes et enseignements m'ont appris aussi à me prendre telle quelle.

Merci à la sophrologie et à son génial inventeur !

va m'aider à aller mieux dans ma vie ?

SI VOUS SOUHAITEZ ME CONTACTER

site : www.annejamelot.com

courriel : autrementplus@sfr.fr

TABLE DES MATIÈRES

Préface 7

En guise d'introduction 10

Qu'est-ce que la sophrologie ? 13

À quoi cela sert-il d'être à l'écoute de ses sensations ? 15

La sophrologie apprend-elle à respirer ? 18

Comment se déroule une séance de sophrologie ? 21

À quoi ça sert de s'exprimer à la fin de la séance ? 23

    Pourquoi dire « JE » ? 23

    Qu'est-ce que ça fait si on ne parle pas en fin de séance ? 25

À quoi ça sert d'être conscient ? 29

    Pourquoi ? 29

    Que faut-il faire pour être conscient ? 30

    Ce n'est pas un peu égocentrique, comme démarche ? 33

    Comment le fait d'être plus conscient rend-il actif ? 33

Dans combien de temps vais-je aller mieux ? Quand vais-je avoir des résultats, être bien ? 36

    Que signifie « être bien » ? 36

Est-ce que la sophrologie peut guérir mon insomnie ? 39

Combien de séances doit-on faire par semaine ? 42

    Oui, MAIS... à la maison ce n'est pas pareil qu'en séance avec le sophrologue 42

À quel moment de la journée ?..43

Où faire sa séance ?..44

Qu'est-ce qu'on entend par « faire un travail sur soi » ?...................46

Pourquoi pratique-t-on debout et assis et pas allongé ?...................50

La sophrologie ne se pratique donc jamais allongé ?...................52

L'importance du discours...53

Qu'amène la pratique de la sophrologie ?..55

Qu'est-ce qu'une sensation ? Qu'est-ce qu'on doit sentir ?...........60

Oui, mais... c'est quoi une sensation ?...60

Qu'est-ce qui est le mieux ? les séances individuelles ou collectives ?..65

La notion de confidentialité..66

Comment le fait de remuer les épaules va m'aider à aller mieux dans ma vie ?..67

Et si une personne ne peut pas remuer les épaules, ou pratiquer toute autre stimulation ?...68

Qu'est-ce que ça doit faire, qu'est-ce que ça doit m'apporter ?....70

Je n'arrive pas à me concentrer, comment dois-je faire ?................75

Et à quoi sert de vivre le moment présent ?..................................76

Et ce n'est pas trop fatigant de vivre tout le temps le moment présent ?...77

On dit que la sophrologie développe la créativité. Comment cela ? 78

En guise de conclusion...81

Remerciements..83

Si vous souhaitez me contacter..85